세상의 길 그리스도의 길

IVP(InterVarsity Press)는
캠퍼스와 세상 속의 하나님 나라 운동을 지향하는
IVF(InterVarsity Christian Fellowship)의 출판부로
생각하는 그리스도인을 위한 문서 운동을 실천합니다.

Originally published as a series of articles entitled,
"The Selfless Way of Christ" by Henri J. M. Nouwen
in *Sojourners* (June, July, August, 1981)
© Henri J. M. Nouwen Literary Center
Published with permission of Henri J. M. Nouwen Literary Center

Korean Edition © 1986, 2003, 2020 by Korea InterVarsity Press
156-10 Dognggyo-Ro, Mapo-Gu, Seoul 04031, Republic of Korea

세상의 길 그리스도의 길

헨리 나우웬 | 편집부 옮김

Ivp

차례

1. 소명: 하향성으로의 부르심   7

　상향성 | 하향성 | 영적인 삶

2. 시험: 상향성을 향한 충동   33

　상황 부합의 시험 | 이목 집중의 시험 | 권력 확보의 시험

3. 자기를 비우는 마음: 영적 성숙을 위한 훈련   55

　교회 훈련 | 성경 훈련 | 마음 훈련

에필로그   75

1. 소명

하향성으로의 부르심

> 태초부터 있는
>
> 생명의 말씀에 관하여는
>
> 우리가 들은 바요,
>
> 눈으로 본 바요,
>
> 주목하고
>
> 우리 손으로 만진 바라.
>
> (요일 1:1)

이 말씀은 우리의 사역에 대한 소명이 우리 존재 전체를 포함하는 경험에서 비롯된다는 사실을 신약성경의 어떤 구절보다 분명히 밝혀 줍니다. 우리 사역의 주제는 예수 그리스도, 곧 태초부터 하나님과 함께 계셨고 육신이 되어 우리 가운데 거하신 그 말씀입니다(요 1:1, 14). 사역자가 된다는 것은 이 말씀을 증언하는 것, 즉 이 말씀이 우리 가운데 계실 뿐 아니라 우리 안에서도 현존하고 계심을 드러내는 것입니다. 이 증언은 설교와 가르침, 성찬과 상담, 그리고 주위 사람들의 고통을 덜어 주기 위한 모임이나 활동 같은 형태로 나타나기도 하지만, 진정한 인격적 만남과 참된 사랑의 경험에서 우러나올 때에라야 비로소 참된 증언이 됩니다. 우리는 귀로 그분의 음성을 듣고 우리의 눈으로 그분을 보고 우리의 손으로 그분을 만져 보았을 때, 비로소 우리 자신을 예수 그리스도의 증인이라고 부를 수 있습니다.

열두 사도의 사명은 그들의 지식이나 훈련이나 성품이 아니라 그들이 예수님과 함께 생활했다는 사실에 기반하고 있습니다. 예수님이 제자들과 함께 다니실 때 동행하지 않았던 바울은 다마스쿠스로 가는 길에서 예수님을 만났습니다. 바울이 사도로서 행한 모든 일은 바로 이 체험에 기초하고 있습니다.

모든 사역자의 영향력은 주님과의 인격적이고 친밀한 경험과 직접 연결되어 있습니다. 이러한 깊고 인격적인 만남은 이 세상에 존재하는 사람과 문화와 시대만큼 다양한 형태를 띠고 있습니다. 안디옥의 이그나티우스, 사막의 안토니우스, 그레고리우스 1세, 베네딕투스, 베르나르와 프란체스코, 로욜라의 이그나티우스, 아빌라의 테레사, 십자가의 성 요한, 마르틴 루터, 존 웨슬리, 존 폭스, 존 버니언, 샤를르 드 푸코, 다그 함마슐트, 마틴 루터 킹, 토머스 머튼, 장 바니에, 테레사 수녀, 도로시 데이 같은 증인들은 주님을 보았고, 자신이 보았던 것에서 그들의 말과 행동이 나왔습니다.

이처럼 사역과 영적인 삶은 한 몸을 이룹니다. 영적인 삶을 산다는 것은 주님과의 끊임없고 친밀한 교통 가운데 사는 것입니다. 그것은 보고 듣고 만지는 것입니다. 사역자로서의 삶은 이 세상 한가운데서 그분에 대해 증언하는 삶입니다. 그것은 인류라는 가족에 속한 우리 형제자매들의 눈을 열어 우리 가운데 그분이 현존하고 계심을 보게 함으로써, 그들 역시 이 사랑의 관계 속으로 들어오게 하는 것입니다.

우리의 사역이 인격적 만남에서 비롯되지 않는다면, 그것은 따분한 일상이나 지루한 일거리로 전락하고 맙니다. 그뿐 아니라 우리의 영적인 삶이 생명력 있는 사역과 연결되지 않는다면, 그 역시 얼마 지나지 않아 내적 성찰이나 자기 분석으로 전락하여 역동성을 잃고 맙니다. 그리스도 안에서의 우리의 삶과 그분의 이름으로 하는 사역은 십자가의 기둥과 가로대처럼 한 몸입니다.

이와 같은 사역과 영적인 삶의 직접적 관련성이 이제부터 3부로 연재될 이 시리즈의 기초입니다. 첫 번째 글에서 나는 그리스도 안에서 살도록 부름받는 것이 무엇을 의미하는지 살펴보고자 합니다.

지금까지 기록된 기도문 가운데 가장 심오한 것 중 하나는 사도 바울이 에베소 교인들에게 쓴 것입니다.

> 우리 주 예수 그리스도의 하나님, 영광의 아버지께서 지혜와 계시의 정신을 너희에게 주사 하나님을 알게 하시고, 너희 마음 눈을 밝히사 그의 부르심의 소망이 무엇이며 성도 안에서 그 기업의 영

광의 풍성함이 무엇이며, 그의 힘의 위력으로 역사하심을 따라 믿는 우리에게 베푸신 능력의 지극히 크심이 어떠한 것을 너희로 알게 하시기를 구하노라. 그의 능력이 그리스도 안에서 역사하사 죽은 자들 가운데서 다시 살리시고 하늘에서 자기의 오른편에 앉히사…. (엡 1:17-20)

이 기도는, 영적인 삶이란 예수 그리스도를 인도하신 바로 그 성령의 인도를 받는 삶임을 분명히 밝혀 줍니다. 성령은 우리 안에 계신 그리스도의 호흡이요, 우리 안에 역사하시는 그리스도의 신적 능력이며, 또한 우리로 하여금 이제는 우리가 사는 것이 아니고 우리 안에 계시는 그리스도께서 사신 것이라는 진리를 깨닫게 해 주는 새로운 생명의 신비로운 근원이십니다(갈 2:20). 사실상, 영적인 삶을 산다는 것은 살아 있는 그리스도가 되는 것을 의미합니다. 최대한 그리스도를 닮으려고 애쓰는 것만으로는 충분하지 않습니다. 다른 사람들에게 예수님을 일깨워 주는 것으로도 충분하지 않습니다. 심지어 예수 그리스도의 말씀과 행적에서 영감을 얻는 것으로도 충분하지 않습니다. 오히려 영적인 삶은 우리에게 훨씬 더 철저한 요구를 합니다. 즉 영적인 삶은 시공간 안에서, 그러니까 지금 여기에서 살아 있는 그리스도가 되는 것입니다.

영적인 삶을 산다는 것은 살아 있는 그리스도가

되는 것을 의미합니다. 최대한 그리스도를 닮으려고 애쓰는

것만으로는 충분하지 않습니다.

다른 사람들에게 예수님을 일깨워 주는 것으로도

충분하지 않습니다. 오히려 영적인 삶은 우리에게 훨씬 더

철저한 요구를 합니다.

즉 영적인 삶은 시공간 안에서, 그러니까

지금 여기에서 살아 있는 그리스도가 되는 것입니다.

복음이 우리에게 제시하는 철저한 요구를 기꺼이 완수하려고 고심하지 않는다면, 우리는 인생의 참 소명을 결코 깨달을 수 없을 것입니다. 지난 2,000년 동안, 많은 그리스도인들이 이 철저한 부르심을 들었고 그 부르심에 응하여 참된 순종의 삶을 살았습니다. 어떤 사람들은 광야에서 은자가 되었고, 어떤 사람들은 도시에서 섬기는 자가 되었습니다. 어떤 사람들은 설교자로, 교사로, 혹은 치유자로 먼 곳으로 갔고, 또 어떤 사람들은 자신의 자리에서 가족을 부양하고 충실하게 일했습니다. 유명해진 사람들이 있는가 하면, 이름도 없이 살다 간 사람들도 있습니다. 부르심에 대한 그들의 반응은 매우 다양했지만, 이 그리스도인들은 모두 타협하지 않고 그리스도를 따르라는 부르심을 들었습니다.

우리의 삶의 형태가 어떠하든, 제자가 되라는 예수님의 부르심은 총체적이고 모든 것을 망라하며 모든 것을 포함하는 동시에 전적인 헌신을 요구합니다.

그리스도를 일정 부분 지지한다든가, 그리스도에게 어느 정도 관심을 기울인다든가, 혹은 그리스도를 여러 관심의 대상 중 하나 정도로 생각하는 것은 있을 수 없는 일입니다.

세상의 요구를 충족시키면서 동시에 그리스도를 따른다든가, 다른 이들에게도 똑같이 귀를 기울이면서 동시에 그리스도의 음성을 듣는다든가, 혹은 이런저런 짐을 지고서 동시에 그리스도의 십자가를 짊어지든가 하는 것은 불가능합니다. 그렇게 하려고 시도해 볼 수는 있지만 결국 불가능으로 끝날 것입니다. 예수님은 "한 사람이 두 주인을 섬기지 못한다"고 말씀하셨고(마 6:24), 결코 타협할 수 없는 요구인 그분의 부르심을 우리에게 주저 없이 제시하셨습니다. "생명으로 인도하는 문은 좁고 길이 협착하여…아버지나 어머니를 나보다 더 사랑하는 자는 내게 합당치 아니하고…"(마 7:14; 10:37).

이 말씀은 소위 '특별한 소명'을 가진 소수의 추종자들에게 하신 것이 아니라, 오히려 자신을 그리스도인이라고 생각하는 모든 사람에게 하신 것입니다. 이 말씀은 예수님의 부르심이 얼마나 철저한지를 보여 줍니다. 그리스도를 따르는 것은 결코 쉬운 일이 아닙니다. 예수님은 친히 "나와 함께 아니하는 자는 나를 반대하는 자"라고 말씀하셨습니다(마 12:30).

상향성

오늘날과 같이 경쟁적인 기술 혁신 사회에서, 우리의 삶은 전반적으로 상승을 지향하는 태도를 갖습니다. 이와 같은 상향성의 생활 방식에서 벗어나는 것은 생각조차 하기 힘들어졌습니다. 우리 삶의 방식 전체는 성공으로 향하는 사다리를 타고 올라가 정상에 다다르는 것을 중심으로 짜여 있습니다. 우리는 상승 지향의 흐름에 편승하는 것과 상승할 때 얻는 보상이 주는 쾌락을 통해 활력을 얻습니다.

우리의 부모와 교사와 동료들은, 우리가 세상을 처음으로 인식하는 순간부터 이 세상에서 어떤 업적을 이루는 것이 우리의 거룩한 과업이라고 가르칩니다. 진정한 인간이 되기 위해서는, 성공하기 위한 오랜 경쟁에서 살아남아야 할 뿐 아니라 최종적으로 승자가 되어야 한다고 말합니다. 기관이나 단체뿐 아니라 각 개인 역시 우리에게 지식과 사람을 정복해야 한다고 여러 방식으로 말합니다. 영향력을 행사하고 성공하기 위해 노력해야 한다고 말입니다. 심지어 사랑마저 정복해야 할 대상이나 승리자가 받는 보상 정도로 간주합니다.

따라서 삶은 우리가 승리하거나 아니면 패하거나 하는 일련의 투쟁으로 여겨집니다. 우리가 승리했다면 그것은 주위의 이상에 우리가 부응한 것이기 때문이고, 반면에 패했다면 그것은 철저히 자신의 부족함 때문이라고 말합니다.

조너선 코브와 리처드 세네트는 인상적인 책 『계급의 숨겨진 상처들』(*The Hidden Injuries of Class*)에서 반대되는 증거가 분명한 때조차도 우리는 자신의 실패에 대한 책임을 오롯이 스스로 지도록 훈련받고 있음을 명쾌하게 밝혀냅니다. 만약 당신이 교육받지 못했든지, 가난하든지, 실직 상태에 있다면, 혹은 불행한 결혼생활을 하든지, 자녀들 때문에 힘들어하든지, 이 모든 것의 주요 원인은 당신이 열심히 노력하지 않았기 때문입니다. 즉 당신이 게을렀든가, 수양이 덜 되었든가, 부도덕하든가 혹은 그저 멍청하기 때문이라는 것입니다. 이 때문에 우리 주위에는 실직이나 깨진 가정으로 인해 고통스러워하는 사람들뿐 아니라 그것에 따른 죄책감이나 수치심으로 괴로워하는 사람들도 많습니다.

나는 야망을 가볍게 여기거나 진보와 성공을 거부하는 것이 아닙니다. 하지만 진정한 성장은, 정상에 도달하는 것 자체가 목적이 되는 것과 더 이상 이상을 뒷받침하지 않는 거부할 수 없는 상향성이란 충동과는 분명 다릅니다. 힘을 향한 잘못된 야망과 섬김을 위한 참된 야망 사이에는 엄청난 차이가 있습니다. 그것은 우리 자신이 높아지려고 애쓰는 것과, 우리 주위 사람들을 높이려는 것의 차이입니다.

문제는 개인 혹은 공동체로서 성장하려는 열망이 아니라, 상향성 자체가 종교가 되는 것입니다. 우리는 이 종교로 인해 성공은 하나님이 우리와 함께하시는 것을 의미하고 실패는 우리가 죄를 지었다는 것을 의미한다고 믿게 됩니다. 이렇게 되면 관건은 "하나님이 내 편이신가"입니다. 만일 그렇다면 그분은 우리로 하여금 이기게 하실 것이기 때문이다.

우리는 인간 잠재력의 지속적 성장이라는 관점에서 발전을 이해하도록 교육받았습니다. 성장한다는 것은 더 건강해지고 더 강해지고 지적 능력을 더 갖추고 더 성숙하고 더 생산적이 되는 것을 의미합니다. 결과적으로 우리는 이와 같은 진보라는 신화에 부합하지 못하는 사람들, 즉 노인과 죄인과 장애인 같은 사람들을 숨기게 됩니다. 이 사회에서 우리는 상향성을 당연한 것으로 생각한 나머지, 가난한 자들을 우리와 보조를 맞추지 못하는 불쌍한 부적응자, 즉 정상적인 진보 대열에서 이탈한 사람들로 취급합니다.

국가적 차원에서도, 우리는 이와 같은 상향성이라는 우상숭배의 노골적이고 충격적인 영향을 봅니다. 이 나라는 지속적인 성장과 발전이라는 목표를 달성하기 위해 총력을 다하는 만큼, 부와 힘의 증대를 약속하지 않는 지도자가 선출되는 것은 상상조차 할 수 없습니다. 이러한 추세를 변혁해야 할 필요를 느끼고 그런 비전을 공공연하게 드러내는 사람들은 지도자 진영에서 퇴출당합니다. 확실한 것은 이 나라가 최고의 나라, 가장 힘 있는 나라, 가장 강력한 나라가 되기를 열망하고 있다는 사실입니다. "우리가 최고다"라는 태도가 모든 영역―운송, 체육, 기술, 군사 분야 등―에 걸쳐 조장되고 있습니다.

나아가 우리는 현재 가지고 있는 것보다 더 많은 것을 소유하기를 바랍니다. 그것은 자동차나 버스나 비행기일 수도 있고 동이나 은이나 금일 수도 있으며 컴퓨터나 인공위성이나 연구

소일 수도 있고 핵탄두, 신형 미사일이나 신형 잠수함일 수도 있습니다. 이와 같이 더 많이 소유하려는 욕망은 우리를 누구도 승리할 수 없는 전쟁 직전의 상태로 몰아넣고 있습니다.

하향성

성경적 구원론은 근본적으로 상향성 철학과 대조됩니다. 성경이 우리에게 보여 주는 위대한 역설은 완전한 참 자유는 하향성을 통해서만 발견할 수 있다는 것입니다. 하나님의 말씀이신 그리스도께서 우리에게 내려오셨고, 종의 신분으로 우리 가운데 사셨습니다. 하나님의 길은 말 그대로 낮아지는 길입니다.

기독교 믿음의 중심에는 하나님이 전적으로 자신을 낮추어 복종하심으로써 자신의 신성을 나타내시기로 작정하였다는 신비가 있습니다. 하나님은 과거 수 세기에 걸쳐 보잘것없는 사람들을 택하셔서 구원의 말씀을 전파하셨을 뿐 아니라, 이 소수의 남은 자들을 택하셔서 자신의 약속을 성취하셨으며, 갈릴리의 이름 없는 마을에 사는 비천한 여자를 택하여 말씀이 거하는 성전이 되게 하셨습니다. 그뿐 아니라 하나님은 마침내 성문 밖에서 치욕스러운 죽음으로 삶의 마지막을 고했던 한 사람 안에서 자신의 충만한 사랑을 나타내셨습니다.

이 신비는 초기 교회 그리스도인들의 머리와 가슴속에 매우 깊이 박혔습니다. 그들은 그리스도를 찬양하는 노래를 부르지 않을 수 없었습니다.

> 그는 근본 하나님의 본체시나
> 하나님과 동등됨을 취할 것으로
> 여기지 아니하시고
> 오히려 자기를 비어
> 종의 형체를 가지사
> 사람들과 같이 되셨고
> 사람의 모양으로 나타나사
> 자기를 낮추시고
> 죽기까지 복종하셨으니
> 곧 십자가에 죽으심이라. (빌 2:6-8)

실제로 태초부터 하나님과 함께 계셨고 하나님이셨던 그분은 작고 힘없는 아기로 자신을 나타내셨습니다. 그리고 이집트의 난민으로, 순종적인 젊은이로, 평범한 어른으로, 세례자 요한의 세례를 받는 제자로, 소박한 어부 몇 명이 따르던 갈릴리의 전도자로, 죄인들과 더불어 먹고 이방인들과 함께 이야기를 나누던 사람으로, 소외당한 자로, 죄인으로, 자신의 백성에게 위협을 당하는 자로 자신을 나타내셨습니다. 그분은 권력의 왕좌에서 무력함으로, 위대함에서 왜소함으로, 성공에서 실패로, 강력함에서 연약함으로, 영광에서 치욕으로 내려오셨습니다. 나사렛 예수의 전 생애는 상향성을 전적으로 거부하는 삶이었습니다.

어떤 사람들은 그분을 왕으로 삼으려고 했습니다. 그들은 그분이 힘을 드러내 보이시길 바랐습니다. 그들은 그분의 영향력을 공유하고 그분과 더불어 왕좌에 앉기를 원했습니다. 그러나 그분은 흔들림 없이 이 모든 욕망에 대해 "아니다"라고 말씀하셨고, 낮아지는 길로 향하셨습니다. "인자는 고난을 받아야 하나니…너희가 이 잔을 마실 수 있겠느냐?" 심지어 예수님이 돌아가신 후 제자들이 그분을 가리켜 자유를 위해 싸우다 패한 전사라고 생각하며 "우리는 이 사람이 이스라엘을 속량할 자라고 바랐노라"고 말할 때, 그분은 제자들에게 다시금 낮아지는 길에 관해 상기시켜야 했습니다(눅 24:21). "그리스도가 이런 고난을 받고 자기의 영광에 들어가야 할 것이 아니냐"(눅 24:26).

예수님이 자신이 따르던 삶의 방식을 제자들에게 요구하셨다는 사실은 의심할 여지가 전혀 없습니다. "제자가 그 선생보다 또는 종이 그 상전보다 높지 못하나니"(마 10:24). 그분은 집요하게 낮아지는 길을 가리키셨습니다. "너희 중에 누구든지 으뜸이 되고자 하는 자는 너희의 종이 되어야 하리라. 인자

제자란 낮아지는 길을 가시는 예수님을 따라

그분과 함께 새로운 삶에 들어가는 사람입니다.

복음은 상승 지향의 사회를 지탱하고 있는 기본 전제를

근본적으로 전복시킵니다. 이것은 충돌을 야기하는

동시에 사회를 뒤흔드는 도전입니다.

가 온 것은 섬김을 받으려 함이 아니라 도리어 섬기려 하고"(마 20:26-28). 낮아지는 길이란 십자가의 길입니다. "자기 십자가를 지고 나를 좇지 않는 자도 내게 합당치 아니하니라. 자기 목숨을 얻는 자는 잃을 것이요 나를 위하여 자기 목숨을 잃는 자는 얻으리라"(마 10:38-39).

제자란 낮아지는 길을 가시는 예수님을 따라 그분과 함께 새로운 삶에 들어가는 사람입니다. 복음은 상승 지향의 사회를 지탱하고 있는 기본 전제를 근본적으로 전복시킵니다. 이것은 충돌을 야기하는 동시에 사회를 뒤흔드는 도전입니다.

우리가 가난한 자와 억눌린 자 그리고 비천한 자들의 눈을 주의 깊게 바라보고, 그들의 생활방식에 겸손히 주의를 기울이며, 그들의 의견과 인식에 부드럽게 귀를 기울였다면 우리는 이미 예수님이 말씀하신 진리를 알아챘을 것입니다. 이것이 바로 테르툴리아누스가 말한 "은혜로 치유 받은 눈"으로 일별하는 것입니다.

성공과 명예와 영향력과 권력과 돈이 우리가 갈망하는 내적 기쁨과 평안을 주지 못한다는 사실을 우리의 깊은 내면은 이미 알고 있습니다. 오히려 모든 야망을 버리고 단순한 순종의 삶을 사는 이들을 보며 일종의 부러움을 느끼기까지 합니다.

그렇습니다. 우리는 이제 더 이상 잃을 것이 없는 사람들의 미소에서 신비스러운 기쁨을 맛보기도 합니다.

그러고 나서 우리는 낮아지는 길이 지옥으로 가는 길이 아니라 천국으로 가는 길임을 깨닫습니다. 이것을 마음속에 간직하면 하나님 나라에서는 가난한 자들이 좋은 소식을 전하는 전파자라는 사실을 받아들일 수 있게 됩니다.

이와 같은 직관과 통찰은 우리 속의 무엇인가가 이미 이 상향성에 대해 회의하고 있음을 알려 줍니다. 그러나 예수님의 급진적인 대답은 여전히 충격적입니다. 우리는 가난한 자들을 잊어서는 안 되고, 불행한 자들과 우리의 소유를 나누어야 하고, 성공하지 못한 사람들을 위해 우리의 수입 중 일부분을 포기해야 한다고 아주 기꺼이 말할 수 있습니다.

그러나 우리는 그 사람들, 즉 우리가 잊어서는 안 될 사람들과 불행한 자들과 성공하지 못한 사람들이 바로 하나님 나라에서는 복 받은 사람들이요, 동시에 예수님이 하신 것처럼 우리에게 하향성을 요구하는 사람들이라는 사실을 기꺼이 고백할 수 있을까요? 예수님을 따라 낮아지는 길을 걷는 것이 바로 새로운 삶, 즉 예수님 자신의 영의 삶으로 들어가는 것을 의미한다는 사실을 알지 못한다면, 이 모든 것은 정말이지 경악스러운 소리로 들릴 것입니다.

영적인 삶

제자도의 요소가 하향성 가운데 예수님을 따르는 것이라면, 이것은 진짜 우리가 할 수 있는 선택일까요? 예수님을 전적으로 진지하게 받아들이는 것이 가능한 일일까요? 어쩌면 이것은 단지 자기 파멸의 길, 어쩌면 자기 학대의 길로 들어서는 것은 아닐까요? 나는 우리가 실제로는 이 질문에 이미 답을 했다고 생각합니다. 우리는 예수님을 그분의 말씀 그대로 받아들일 수 없으며 오히려 예수님이 우리의 상향성 방식에 적응하도록 결정을 내린 것은 아닐까요?

나는 비관주의자나 도덕론의 입장에서 이런 문제 제기를 하는 것이 아닙니다. 그것은 이 문제를 진지하게 받아들이는 태도가 아닙니다. 오히려 나는 영적인 삶의 본질과 관련해 문제를 제기하고 있는 것입니다. 하향성의 생활방식이 우리의 능력 범위 안에 있고 우리의 과제가 단지 그리스도를 닮는 것 정도라고 생각한다면, 우리는 우리에게 계시된 근본 진리를 잘못 이해하고 있는 것입니다.

낮아지는 길은 하나님의 길이지 우리의 길이 아닙니다. 하나님이 자신을 낮추어 스스로를 우리에게 계시하시는 것은, 하나님만이 자신의 신적 특권을 버리시고 우리와 같이 되실 수 있기 때문입니다. 우리 믿음의 근거가 되는 엄청난 신비는, 바로 어떤 면에서든 우리와 같지 않고 우리와 비교될 수 없으며 우리의 경쟁 상대가 될 수도 없는 분이 우리 가운데 내려오셔서 우리와 같이 죽을 몸을 입으셨다는 것입니다.

이와 같은 하향성은 우리에게 부자연스러운 것입니다. 왜냐하면 우리의 존재가 속속들이 경쟁과 싸움으로 오염되어 있으며 죄 많고 깨어진 상태의 본질에 속해 있기 때문입니다. 우리는 최선의 바람과 판단에도 불구하고 상향성이라는 낯익은 길 위에 서 있는 자신을 항상 발견합니다. 우리가 스스로 겸손하다고 생각하는 순간, 우리는 주위 사람과 대비해 누가 더 겸손한지를 비교하고, 마음 한구석으로는 이미 어떤 형태의 보상을 받을까 생각하고 있음을 발견합니다.

하향성은 하나님의 길이요, 십자가의 길이며, 또한 그리스도의 길입니다. 우리 주님이 성령을 통하여 우리에게 주시고 싶어하는 것이 바로 이 신적 생활방식입니다. 성령의 길이 세상의 길과 근본적으로 어떻게 다른지는 사도 바울이 고린도 교인들에게 보낸 다음 말씀에 분명히 나타나 있습니다.

> 오직 은밀한 가운데 있는 하나님의 지혜를 말하는 것으로…이 지혜는 이 세대의 통치자들이 한 사람도 알지 못하였나니…눈으로 보지 못하고 귀로 듣지 못하고 사람의 마음으로 생각지도 못하였다.…오직 하나님이 성령으로 이것을 우리에게 보이셨으니 성령은

모든 것 곧 하나님의 깊은 것까지도 통달하시느니라.…우리가 세상의 영을 받지 아니하고 오직 하나님으로부터 온 영을 받았으니 이는 우리로 하여금 하나님께서 우리에게 은혜로 주신 것들을 알게 하려 하심이라. 우리가 이것을 말하거니와…오직 성령께서 가르치신 것으로 하니 영적인 일은 영적인 것으로 분별하느니라.

(고전 2:7-13)

이 말씀은 영적인 삶의 의미를 간결하게 요약해 줍니다. 이 말씀에 따르면, 영적인 삶이란 하나님의 깊은 것을 통달하시는 그리스도의 영이 우리에게 주어짐으로써, 우리의 마음과 정신이 새로운 지식을 얻어 하나님의 길을 깨닫는 생활입니다.

예수님이 십자가에서 죽으셨을 때 제자들은 깊은 상실감과 패배감을 맛보았습니다. 그들은 모든 것이 끝장났다고 생각했고 자신들도 예수님과 같은 일을 당하지 않을까 하는 두려움에 사로잡혔습니다. 낮은 곳을 향하시는 하나님의 길을 그들은 깨닫지 못했던 것입니다. 그러나 오순절에 예수님이 약속하신 성령이 오셨을 때 모든 것이 바뀌었습니다. 성령이 제자들의 두려움을 깨끗이 씻어 주셨습니다. 성령은 예수님이 진정 어떤 분이신지를 제자들에게 보여 주셨고 새로운 길을 계시하셨습니다. 또한 제자들에게 십자가의 길, 즉 낮아지는 길을 구원의 길로 온 세상에 선포할 수 있는 능력을 주셨습니다.

하향성은 하나님의 길이요, 십자가의 길이며,

또한 그리스도의 길입니다.

우리 주님이 성령을 통하여

우리에게 주시고 싶어 하는 것이

바로 이 신적 생활방식입니다.

예수님이 친히 우리에게 성령이 어떤 분이신지에 대해 말씀해 주십니다. 그분은 돌아가시기 전날 밤 제자들에게 이렇게 말씀하셨습니다.

> 내가 떠나가는 것이 너희에게 유익이라. 내가 떠나가지 아니하면 보혜사[성령]가 너희에게로 오시지 아니할 것이요 가면 내가 그를 너희에게로 보내리니…그러나 진리의 성령이 오시면 그가 너희를 모든 진리 가운데로 인도하시리니 그가 스스로 말하지 않고 오직 들은 것을 말하며…내 것을 가지고 너희에게 알리시겠음이니라. 무릇 아버지께 있는 것은 다 내 것이라. 그러므로 내가 말하기를 그가 내 것을 가지고 너희에게 알리시리라 하였노라. (요 16:7-15)

여기서 예수님은 성령을 하나님의 존재의 충만으로 우리에게 계시하십니다. 또 예수님은 이 충만을 '진리'라고 부르십니다. 성령이 우리를 모든 진리 가운데로 인도하실 것이라는 예수님의 말씀의 의미는, 성령이 우리로 하여금 신적인 삶, 우리를 새로운 때에 새로운 마음으로—예수 그리스도의 때에 그분의 마음으로—사는 새로운 백성으로 만드는 삶에 온전히 참여하도록 하시겠다는 것입니다.

우리는 그리스도의 영 안에서 그리고 그리스도의 영을 통하여 모든 시공간에 살고 있는 그리스도들이 됩니다. 성령 안에서 그리고 성령을 통하여 우리는 예수님이 아셨던 모든 것을 알게 되고, 그분이 행하셨던 모든 것을 할 수 있게 됩니다. 이것이 위대하신 하나님의 지혜입니다. 이는 이 세대의 통치자들은 알지 못하고, 지식 있는 자와 똑똑한 자에게는 감추인 반면 단순한 어린이에게는 드러나 보인 지혜이며, 우리가 성령을 통하여 얻게 되고 또한 영적으로만 배울 수 있는 지혜입니다.

그러므로 제자의 삶은 우리 속에 계신 성령의 삶이며, 이 성령으로 말미암아 우리는 신적인 삶 자체로 들어 올려지고, 볼 수 있는 새 눈과 들을 수 있는 새 귀와 만질 수 있는 새 손을 얻습니다. 하나님의 삶으로 들어 올려진 우리는 눈으로 보고 귀로 듣고 손으로 만진 것들을 증거하도록 이 세상으로 보냄을 받습니다. 이것이 우리 속에 거하시는 하나님의 말씀의 삶에 대한 증거입니다.

십자가의 길, 즉 하나님의 하향성은, 우리가 예수님을 닮으려는 노력 때문이 아니라 우리가 그리스도의 영에 의해 살아 있는 그리스도들로 변화되기 때문에 우리의 길이 됩니다. 영적인 삶이란 우리 속에 있는 그리스도의 영의 삶입니다. 이 삶은 우리로 하여금 연약한 가운데 강하게, 사로잡힌 가운데 자유롭게, 고통 가운데 즐겁게, 가난한 가운데 부요하게 해 줍니다. 또한 상향성의 사회 한가운데 살면서 구원에 이르는 낮아지는 길을 가게 해 줍니다.

이와 같은 영적인 삶은 과학 시대를 살고 있는 우리로서는 수수께끼 같고 파악하기 어려우며 이해하기 어려운 것처럼 보이지만, 영적인 삶의 열매는 그러한 삶이 일으키는 본질적인 변화를 여실히 보여 줍니다. 사랑, 희락, 화평, 인내, 자비, 양선, 충성, 온유, 절제는 참으로 우리 주님 자신의 성품이고, 우상과 시기와 탐욕과 성적인 방종과 전쟁 및 다른 여러 죄악으로 갈기갈기 찢긴 이 세상 한가운데 그분의 현존을 계시해 줍니다(갈 5:19-23). 이 세상의 끌어올리는 힘과 그리스도의 끌어내리는 힘을 구별하는 것은 어려운 일이 아닙니다.

묵상 및 토론 문제

1. 저자는 영적인 삶을 어떻게 정의하고 있는가? 당신이 이해한 대로 정리해 보라.

2. 우리의 소명은 상향성 철학과는 반대되는 것이다. 그렇다면 권력을 향한 야망과 섬김을 위한 야망은 어떻게 다른가?

3. 예수님의 삶은 하향성의 삶이었다. 그리고 저자는 우리도 그런 삶으로 부르심을 받았다고 말한다. 당신의 삶에서 어떻게 하면 이러한 하향성의 삶을 적용할 수 있겠는가?

4. 저자는 하향성의 길은 우리의 노력에 의한 것이 아니라 우리가 그리스도의 영에 의해 살아 있는 그리스도로 변화되기 때문에 우리의 길이 된다고 말한다. 우리를 이 길로 부르신 주님께 감사하면서 성령께서 계속 우리의 걸음을 인도해 주시기를 기도하라.

2. 시험

상향성을 향한 충동

> 내가 세상에 속하지
>
> 아니함같이
>
> 그들도 세상에 속하지
>
> 아니하였사옵나이다.
>
> (요 17:15)

영적인 삶은 우리 안에 그리고 우리 가운데 계신 그리스도의 영의 삶입니다. 성령은 우리를 낮아지는 길로 인도하시는데 이는 우리로 하여금 고난을 받거나 고통과 굴욕을 당하게 하기 위해서가 아니라, 우리가 분투하는 가운데서도 하나님을 바라보게 하기 위해서입니다. 우리는 그리스도의 낮아지는 길에서 하나님을 보았듯이 이 낮아지는 길, 곧 십자가의 길에 참여함으로써 진정으로 하나님의 자녀가 됩니다.

복음서에는, 예수님이 돌아가시기 전날 밤 제자들에게 그들의 사역이 가능한 것은 그들이 더 이상 세상과 세상의 길에 속하지 않기 때문임을 밝히는 대목이 나옵니다. 성부께 드리는 대제사장 기도에서 그분은 "내가 세상에 속하지 아니함같이 그들도 세상에 속하지 아니하였사옵나이다"라고 말씀하십니다. 바로 이러한 속하지 않음이 그들의 사역의 기초가 되었습니다. "내가 비옵는 것은 그들을 세상에서 데려가시기를 위함이 아니요 다만 악에 빠지지 않게 보전하시기를 위함이니이다.… 아버지께서 나를 세상에 보내신 것같이 나도 그들을 세상에 보내었고"(요 17:15-19). 이런 말씀을 통해 예수님은, 우리를 하나님의 생명에 참예하게 해 주시는 성령이 곧 우리로 하여금 세상에 있되 세상에 속하지는 않게 해 주시는 바로 그 성령이시라고 말해 줍니다.

그러나 세상은 악이 배회하는 곳입니다. 세상은 우리를 하나님으로부터 낚아채 높아지는 길로 되돌려 보내고자 하는 유혹자의 거처입니다. 우리는 이 유혹자와 대면해야 하고 눈을 마주치며 상대해야 합니다. 예수님이 성령의 보내심을 받아 광야에서 시험을 받으셨듯이, 우리도 그래야 합니다. 영적인 삶의 진정한 모습은 오직 우리가 시험에 직면했을 때에야 드러납니다.

우리는 끊임없이 세 가지 시험에 직면합니다. 상황 부합의 시험, 이목 집중의 시험, 권력 확보의 시험이 그것입니다. 이 세 가지 시험 모두 우리를 유혹하여 세상의 높아지는 길로 되돌아가게 하고, 세상에 그리스도를 나타내야 하는 우리의 사명를 잊고 한눈을 팔게 만들게 합니다.

상황 부합의 시험

사탄이 예수님께 던진 첫 번째 시험은 돌들로 떡덩이가 되게 하는 것이었습니다. 이는 상황에 부합하라는 시험입니다. 이는 어떤 상황에서 필요한 일, 따라서 사람들의 인정을 받을 수 있는 일을 하라는 시험으로 생산성을 우리 사역의 기초로 삼으라는 시험입니다.

여러분은 이런 말들을 익히 잘 알고 있습니다. "사람들을 먹고살 수 있게 해 준다면 월급을 받을 자격이 있습니다." "사람들이 당면한 긴급한 필요를 채워 줄 수 있어야 제대로 일을 하는 것입니다." "배고픈 사람들에게 하나님을 이야기한들 무슨 가치가 있으며 의식주가 없는 이들에게 복음을 전하는 것이 무슨 도움이 된단 말입니까? 꼭 필요한 도움과 지원을 제공할 수 있는 사람들이 필요합니다. 의사는 고칠 수 있고, 변호사는 변호할 수 있고, 은행가는 자금을 대 줄 수 있으며, 사회사업가는 재활해 줄 수 있습니다. 그러나 당신은 무엇을 할 수 있습니까? 당신이 우리와 함께 있다는 것을 어떻게 알리겠습니까?" 이것이 바로 유혹자가 하는 말들입니다!

이 시험은 우리 정체성의 중심부를 건드립니다. 우리는 우리가 만들어 내는 것이 바로 우리 자신이라고 믿도록 여러모로 영향을 받습니다. 이로 인해 일의 성과, 눈에 보이는 결과, 유형의 생산물, 진보에 집착하게 됩니다.

상황 부합의 시험을 떨치기가 어려운 것은 보통 그것이 시험으로 간주되지 않고 소명으로 간주되기 때문입니다. 우리가 부르심을 받은 것은 생산력 높고 성공적이며 효율성 높은 사람들—하나님 나라를 위해 일하는 것이 최소한 제너럴 일렉트릭 사나 모빌 사나 미국 정부에서 일하는 것 못지않게 존귀한 업무라는 것을 말과 행동으로 보여 주는 이들—이 되기 위해서라고 우리 스스로 믿습니다. 그러나 이것은 상황에 부합하고 세상 사람들이 보기에 명망 있는 사람이 되라는 시험에 굴복하는 것입니다.

예수님이 돌들로 떡덩이를 만들라는 시험을 받으셨을 때 그분은 시험하는 자에게 "사람이 떡으로만 살 것이 아니요 하나님의 입으로부터 나오는 모든 말씀으로 살 것이라"고 말씀하셨습니다. 예수님은 떡의 중요성을 부인하신 것이 아니라, 단지 하나님의 말씀의 양육 능력과 비교하여 상대평가하신 것입니다. 신명기에서 모세는 그의 백성에게 "너를 낮추시며 너를 주리게 하시며 또 너도 알지 못하며 네 조상들도 알지 못하던 만나를 네게 먹이신 것은 사람이 떡으로만 사는 것이 아니요 여호와의 입에서 나오는 모든 말씀으로 사는 줄을 네게 알게 하려 하심이니라"고 말합니다(신 8:3).

하나님이 우리에게 떡을 주신 것은 우리가 하나님의 말씀에 완전히 우리 자신을 맡기도록 하기 위해서입니다. 업적, 효율성 및 생산성은 우선 마음이 주님께 고정된 이들에게 주시는 선물입니다. 이 말은 상황에 부합된 행위를 경멸하자는 것이 아니라 그런 것이 그리스도인으로서의 우리 정체성의 기초가 되어서는 안 된다는 말입니다.

우리는 우리가 제공하는 떡이 아닙니다. 우리는 하나님의 말씀을 섭취하고 거기서 진정한 자아를 발견하는 인간들입니다. 우리를 향한 근본적인 도전은, 하나님과 신령한 말씀이 우리를 인간으로서 끊임없이 형성시키도록 하라는 것과, 그 말씀을 매일 풍성히 먹고 자유롭고 두려움이 없는 사람들로 성장하라는 것입니다. 이렇게 함으로 우리는 이 세상에 하나님의 현존을 계속해서 증언할 수 있습니다. 심지어 눈에 보이는 결과가 매우 적거나 전혀 없을 때에라도 말입니다.

그리스도와 함께 그분의 낮아지는 길을 가고자 하는 그리스도인이 된다는 것은 상황에 부합하려는 모든 필요에서 자신을 계속해서 기꺼이 단절시키고 하나님의 말씀을 더더욱 깊이 신뢰할 것을 요구합니다. 그리하여 우리는 부적합한 일을 함으로써가 아니라 모든 적합성의 원천이신 하나님의 말씀을 붙잡음으로써, 상황 부합의 시험에 저항할 수 있습니다.

하나님이 우리에게 떡을 주신 것은 우리가 하나님의 말씀에
완전히 우리 자신을 맡기도록 하기 위해서입니다.
업적, 효율성 및 생산성은 우선 마음이 주님께
고정된 이들에게 주시는 선물입니다.
이 말은 상황에 부합된 행위를 경멸하자는 것이 아니라
그런 것이 그리스도인으로서의
우리 정체성의 기초가 되어서는 안 된다는 말입니다.

이목 집중의 시험

예수님이 겪으셨으며 우리 역시 대면하는 두 번째 시험은 남의 이목을 끌고자 하는 시험입니다. 마귀는 예수님을 거룩한 성으로 데리고 가서 성전의 난간에 세운 뒤, "네가 만일 하나님의 아들이어든 뛰어내리라. 기록되었으되 그가 너를 위하여 그의 사자들을 명하시리니 그들이 손으로 너를 받들어 발이 돌에 부딪치지 않게 하리로다 하였느니라"고 말했습니다(마 4:5-6). 이것은 하나님으로 하여금 진기하고 놀라우며 기이하고 전례가 없는 일에 반응하도록 강요하는, 그리하여 사람들로 하여금 믿도록 강요하는 시험입니다.

사람들의 이목을 끌기 위해 무언가를 하라는 시험은 예수님 시대 이후 조금도 줄어들지 않았습니다. 우리는 사람들이 많이 참석하는 예배가 귀하고, 텔레비전 카메라가 등장하는 데모 집회가 가치 있고, 많은 사람이 가입하고 싶어 하는 연구 그룹이 가치가 있으며, 많은 이들이 등록하고 싶어 해야 그 교회가 성공을 거둔 것이라고 믿게 되었습니다. 우리 문화에서 '진리'란 주로 통계에 의해 결정되기 때문에 듣고 보거나 참석한 사람의 숫자가 그 행사의 질을 가늠하는 척도라고 확신하기 쉽습니다.

우리는 구원이 이스라엘의 남은 자에게서 유래되었다는 것을 믿기 어렵습니다. 별로 알려지지 않은 곳에서 매우 훌륭한 것이 나왔다는 것을 믿기 어렵습니다. 우리의 하나님이, 보잘것없는 종의 모습으로 오셔서, 나귀를 타고 예루살렘에 입성하시고 평범한 죄수로 사형당하신 하나님임을 믿기 어렵습니다. 또 소수의 순진한 어부들이 하나님의 복음을 온 세상에 퍼뜨렸다는 것은 더 믿기 어렵습니다.

우리는 마치 눈에 잘 띄는 것과 유명해지는 것이 우리가 행하는 일의 가치에 대한 주요 판단 기준인 양 행동합니다. 그와 반대로 행동하기란 쉽지 않습니다. 통계가 실제로 사회를 다스리고 있습니다. 가장 많은 관객이 본 영화, 가장 많이 읽힌 책, 가장 많은 사람이 산 차, 가장 인기 있는 스포츠 선수, 이런 것들이 중요한 표지가 되어 버렸습니다. 남의 눈에 띄는 것이 너무나 큰 관심사가 되었기 때문에, 생애 대부분을 관객으로 지내 온 우리는 이름 없고 이목을 끌지 못하며 드러나지 않는 것이 어떤 가치를 보유한다고 거의 생각하지 않게 되었습니다.

어떻게 이토록 널리 퍼진 시험을 극복할 수 있을까요? 상황 부합의 욕망과 마찬가지로, 남의 이목을 끌고 싶어 하는 우리의 열망은 우리의 자아 추구와 긴밀한 관계가 있다는 점을 깨닫는 것이 중요합니다. 많은 사람들이, 참다운 인간이 된다는 것을 남의 눈에 띄는 것, 칭찬 듣는 것, 남이 좋아해 주는 것, 남이 받아 주는 것과 거의 동일하게 간주합니다. 아무도 내게 주목하지 않고, 감사하다는 말을 하지 않으며, 나의 일을 인정해 주지 않을 때 나는 과연 누구인가요? 우리가 불안정하고 의심에 차 있고 외로울수록 인기와 칭찬에 대한 욕구는 더욱 커집니다.

안타깝게도 이 갈망에는 절대로 만족이라는 것이 없습니다. 우리는 칭찬을 들으면 들을수록, 마음속에 두려움이 다시 생기지 못하도록 막기 위해 더 많은 칭찬을 바랍니다. 타인으로부터 용납받는 것에 대한 갈망은 마치 밑 빠진 독과 같습니다. 그것은 결코 채울 수 없는 것입니다.

예수님은 시험하는 자에게 "주 너의 하나님을 시험하지 말라"고 대답하셨습니다. 사실, 남의 눈에 띄는 화려함을 추구하는 것은 하나님이 우리를 완전히 무조건적으로 받아 주신다는 것에 대한 의심의 표현입니다. 그것은 "당신이 정말로 내게 관심이 있으신지, 정말로 날 사랑하시는지, 정말로 날 가치 있게 여기시는지 확실히 모르겠습니다. 이제 당신께 기회를 드릴 테니 내 마음속 두려움을 다른 사람의 칭찬으로 녹여 주시고 제 자신이 쓸모없다는 느낌을 사람들의 박수 소리로 누그러뜨리셔서 당신의 사랑을 보여 주세요"라고 말하는 것과 같습니다.

우리에게 주어진 진정한 도전은 중심, 곧 마음으로 돌아가서 그곳에서 어떤 사람의 목소리도 해 줄 수 없는 방식으로 우리에게 말씀하시고 우리를 인정해 주시는 부드러운 음성을 발견하라는 것입니다. 모든 사역의 기초는 하나님이 우리를 사랑받는 자녀로 끊임없이 무제한적으로 받아 주셨다는 것을 경험하는 일입니다. 그것은 너무도 충분하고 아주 완전하고 매우 포괄적인 용납이라서, 남의 눈에 띄고 칭찬을 듣고 감탄을 얻고자 하는 강박 의식에서 우리를 해방시켜 주며 우리로 하여금 우리를 섬김의 길로 인도하시는 그리스도를 따르게 해 줍니다.

하나님의 용납하심에 대한 이러한 체험은 우리를 궁핍한 자아로부터 해방시키고, 타인들에게 이타적으로 주의를 기울일 수 있는 새로운 마음의 공간을 창출해 냅니다. 그리스도 안에서의 이 새로운 자유는 우리로 하여금 세상에서 강박 관념에 얽매이지 않고 움직이도록 하며, 조소와 배척을 당할 때에도, 심지어 우리의 말과 행동이 우리를 죽음으로 이끌 때에도 창조적으로 행동하게 해 줍니다. 우리는 묵상 기도로 훈련된 생활을 통하여 서서히 하나님의 오랜 사랑을 깨닫게 됩니다. 이는 우리가 우리 자신을 사랑하거나 다른 인간의 사랑을 받을 수 있기 오래전부터 존재해 온 사랑입니다. 사도 요한은 "사랑은 하나님께 속한 것이니…이는 하나님은 사랑이심이라.…우리가 사랑함은 그가 먼저 우리를 사랑하셨음이라"고 말합니다(요일 4:7-8, 19).

우리에게 주어진 진정한 도전은 중심, 곧 마음으로 돌아가서 그곳에서 어떤 사람의 목소리도 해 줄 수 없는 방식으로 우리에게 말씀하시고 우리를 인정해 주시는 부드러운 음성을 발견하라는 것입니다. 모든 사역의 기초는 하나님이 우리를 사랑받는 자녀로 끊임없이 무제한적으로 받아 주셨다는 것을 경험하는 일입니다.

묵상 기도는 먼저 주신 사랑, 우리로 참 자아를 받아들일 수 있게 해 주는 그 사랑으로 우리를 인도합니다. 우리는 우리를 지지하는 사람들의 수에 의해 결정되는 존재가 아닙니다. 오히려 하나님이 사랑 가운데 지으신 우리의 모습이 우리의 진정한 모습입니다. 우리는 빛의 자녀, 하나님의 자녀입니다. 하나님과 더불어 계속해서 친밀한 교통을 갖는 생활만이 우리에게 참 자아를 보여 줄 수 있으며, 우리를 해방시켜서 남의 이목을 끌고자 하는 욕망이 아니라 진리에 따라 행동하도록 할 수 있습니다.

이것은 결코 쉬운 일이 아닙니다. 고독과 침묵과 기도에 대한 진지하고 끈기 있는 훈련이 필요합니다. 이러한 훈련이 우리에게 주는 보답은 화려한 외적 성공이 아니라, 우리의 전 존재를 밝히고 삶에서 하나님의 임재를 자유롭고 제한 없이 증언하도록 하는 내적인 빛입니다.

권력 확보의 시험

예수님이 당하신 세 번째 시험이자 가장 유혹이 심한 시험은 권력 획득의 시험입니다. 마귀는 예수님께 모든 나라와 그 영광을 보여 주며, "만일 내게 엎드려 경배하면 이 모든 것을 네게 주리라"고 말했습니다(마 4:8-9).

아마 우리 문화만큼 아무런 부끄럼 없이 권력 추구를 격려하는 문화도 없을 것입니다. 초등학교 때 자신을 최고의 학급 대표라고 소개하는 순간부터 자신이 최고의 대통령이 될 것이라고 전 국민을 설득시키려 드는 순간에 이르기까지, 우리는 권력을 얻기 위한 노력과 남에게 도움이 되려는 소원이 실질적인 목적에 있어서는 같은 것이라고 믿습니다. 이러한 오류는 우리의 모든 생활 방식에 너무나도 깊이 스며들어 있어서 우리는 하나님 나라의 유익을 위해서 일한다는 확신 아래 영향력 있는 지위를 추구하기를 주저하지 않습니다.

우리는 힘없음에서 선이 나온다는 것을 믿지 못합니다. 학교에 입학하는 순간부터 자유 기업이라는 경쟁 세계에 들어갈 때까지 언제나 야심을 칭찬하는 이 개척자와 자수성가한 사람들의 나라에서, 우리는 권력을 포기하거나 심지어 바라지도 않는 행동에서 선이 나올 수 있다고는 상상조차 하지 못합니다. 예전에 일부 대학생들과 급진주의자들은 폭력 행위가 필요한 것은 아무도 자발적으로 권력을 포기하지 않을것이기 때문이라고 주장했습니다. 우리 사회에 만연된 신념은 권력이란 미덕이고 권력을 소유한 자들은 점점 더 많은 권력을 바란다는 것입니다.

권력은 돈, 연줄, 명성, 지적 능력, 기술 등 여러 가지의 형태를 취할 수 있습니다. 이런 것들은 모두 일종의 안정감과 통제력을 얻는 방법으로, 우리 마음대로 인생을 좌지우지할 수 있다는 착각을 더 심화시킵니다. 따라서 국가적·국제적 차원에서뿐 아니라 개인적 차원에서도 권력을 놓고 승부를 거는 것을 쉽게 이해할 수 있습니다.

권력에 대한 우리의 욕망보다 더 극복하기 어려운 것은 사실 없습니다. 권력은 항상 더 많은 권력을 찾아다닙니다. 권력은 정확히 말해 환상에 불과하기 때문입니다. 권력이 우리가 바라는 안정감을 주지 못하고 오히려 우리의 약점과 한계를 드러내는 것을 경험하지만, 우리는 스스로 더 많은 권력이 결국 우리의 필요를 충족시키리라고 믿습니다.

그 결과는 권력에 대한 욕망의 증가이며 이는 나약하다는 느낌의 증가와 나란히 갑니다. 점점 더 심해지는 무기 경쟁이 가장 극적인 예입니다. 무기가 많을수록 활동의 자유가 더 줄어듭니다. 결국 우리나라는 근육이 굳어 버렸습니다. 그 모습이나 행동이 마치 근육을 너무 발달시켜 꼼짝도 못하는 보디빌더 같습니다.

이처럼 많은 권력에 둘러싸여 있기에 우리가 다른 모든 이들처럼 권력을 추구하려는 시험에 굴복하지 않기란 너무 어렵습니다. 그러나 우리 사역의 신비는 우리가 권력이 아니라 힘없이 섬기도록 부름받았다는 사실입니다. 우리는 바로 이 힘없음을 통해서 동료 인간들과 결속을 맺고, 약한 자들과 교제하며, 그래서 하나님의 치유하시고 인도하시며 부양하시는 긍휼을 드러냅니다. 우리는 사람들에게 말을 하라는 부르심을 받았는데, 그들이 강한 곳이 아니라 약한 곳에서, 그들이 잘 지내는 곳이 아니라 고통을 의식하는 곳에서, 그들이 통제하는 영역이 아니라 불안에 떠는 곳에서, 그들이 확신 있고 단호한 곳이 아니라 회의를 느끼고 어려운 질문을 제기하는 곳에서, 즉 그들이 불멸의 망상 가운데 사는 곳이 아니라 깨지고 유한하며 연약한 인간 존재와 직면하고자 하는 곳에서 그들에게 말해야 합니다. 그리스도를 따르는 자로서 우리는 벌거벗고 상처받기 쉽고 약한 모습으로 세상에 보내심을 받습니다. 그리하여 고통과 고뇌 가운데 있는 동료 인간들에게 손을 뻗을 수 있고, 하나님의 사랑의 능력을 보여 줄 수 있으며, 하나님의 영의 능력으로 그들을 능하게 할 수 있습니다.

예수님은 제자들을 파송하여 사역하게 하실 때, "여행을 위하여 아무것도 가지지 말라. 지팡이나 배낭이나 양식이나 돈이나 두 벌 옷을 가지지 말라"고 말씀하셨습니다(눅 9:1-4). 실제로 예수님은 제자들을 어떤 힘도 없이 전도하도록 보내셨습니다. 그분은 제자들이 하나님 사랑의 무한한 능력을 나타낼 수 있도록 완전히 무장 해제된 상태가 되기를 원하셨습니다.

그리스도를 따르는 자로서 우리는 벌거벗고 상처받기 쉽고

약한 모습으로 세상에 보내심을 받습니다.

그리하여 고통과 고뇌 가운데 있는 동료 인간들에게

손을 뻗을 수 있고,

하나님의 사랑의 능력을 보여 줄 수 있으며,

하나님의 영의 능력으로 그들을 능하게 할 수 있습니다

예수님은 권력의 시험에 대해 "주 너의 하나님께 경배하고 다만 그를 섬기라"는 말씀으로 응답하셨습니다. 이 말씀은 오직 하나님께 주목해야만 무력함의 사역을 할 수 있다는 것을 우리에게 상기시켜 줍니다. 우리의 시간과 정력을 하나님께 드려야 할 것과 동료들에게 써야 할 것으로 나눈다면, 하나님과 무관한 섬김은 자기 본위의 섬김이 되고, 자기 본위의 섬김은 교묘한 조종 행위가 되며, 교묘한 조종 행위는 권력 싸움으로, 권력 싸움은 폭력으로, 폭력은 파멸로 바뀐다는 것—심지어 이 모든 것이 사역이라고 불리더라도—을 잊고 맙니다.

우리에게 주어진 진정한 도전은, 이웃에 대한 섬김이 하나님에 대한 총체적이고 전폭적인 섬김의 표현과 경축 행위가 되게 하라는 것입니다. 우리의 모든 섬김의 근원과 목표를 하나님 안에서 발견할 때에야 비로소 권력욕에서 벗어날 수 있으며, 우리 자신을 위해서가 아니라 이웃을 위해 그들을 섬기는 자리로 나아갈 수 있습니다.

이것이 바로 종 됨의 위대한 신비입니다. 이것은 예수님이 "이제부터는 너희를 종이라 하지 아니하리니 종은 주인이 하는 것을 알지 못함이라. 너희를 친구라 하였노니 내가 내 아버지께 들은 것을 다 너희에게 알게 하였음이라"고 제자들에게 말씀하실 때 잘 나타납니다(요 15:15). 여기에서 우리는 종 됨과 친구 됨이 더 이상 별개의 것이 아님을 알게 되고, 우리가 하나님을 섬기는 가운데서 우리의 참 자아를 발견하게 되는데 그 참 자아는 더 이상 사회적 인정을 필요로 하지 않고 자유로이 권력에서 벗어난 사역을 할 수 있음을 알게 됩니다.

상황 부합, 이목 집중, 권력 확보의 시험은 실재하는 시험이며 평생 동안 우리를 따라다닙니다. 그것들은 상향성의 길을 가는 무리에 합류하고자 하는 우리의 욕망에 직접 영향을 주기 때문에 매우 강력한 시험입니다.

그러나 이런 시험들이 거짓 자아의 망상에 집착하게 하는 유혹적 시도임을 깨달을 수 있을 때, 우리는 그런 것들을 오직 하나님 안에 숨겨져 있는 우리의 참 자아를 주장하라는 도전으로 볼 수 있게 됩니다.

우리의 삶이 전과 다를 바 없을 때도, 우리를 칭찬해 주는 사람이 거의 없을 때도, 우리의 권력이 점점 줄어들 때도 우리가 주위에 있는 사람들을 계속해서 섬길 수 있다면, 우리는 하나님이 우리를 아시는 대로, 하나님의 사랑 속에 감추인 자녀로 우리 자신을 알게 됩니다.

우리는 세상에 속해 있지 않습니다. 우리는 하나님께 속해 있습니다. 우리는 항상 이러저러한 면에서 옛 자아를 되찾도록, 이집트로 돌아가도록, 무모한 십자가의 길을 거부하도록 시험을 받을 것입니다. 그러나 예수 그리스도의 말씀을 우리 입술에 간직하고, 시험하는 자에게 "사탄아, 물러가라.…주 너의 하나님께 경배하고 다만 그를 섬기라"고 말할 때마다, 우리는 진정으로 예수 그리스도를 뒤따르는 자가 될 것입니다.

묵상 및 토론 문제

1. 상황 부합의 시험이란 무엇인가? 이 시험을 이겨 내기 어려운 이유는 무엇인가?

2. 이목 집중의 시험은 우리에게 어떤 형태로 다가오는가? 이 시험을 이겨 내기 위해 우리에게 필요한 것은 무엇인가? 당신은 구체적으로 어떤 훈련들을 할 수 있겠는가?

3. 예수님은 권력 확보의 시험을 어떻게 이겨 내셨는가? 이는 이웃을 섬기는 사역을 하려 할 때 우리가 어떻게 적용할 수 있겠는가?

4. 저자는 이런 시험들이 매우 강력한 것들이라고 하면서 평생 동안 우리를 따라다닐 거라고 말한다. 우리가 하나님께 속한 자임을 다시 확인하면서 이 시험들을 이겨 내도록, 그래서 주님만을 섬기는 예수 그리스도의 제자가 되게 해 주시기를 기도하라.

3. 자기를 비우는 마음

영적 성숙을 위한 훈련

생명으로 인도하는

문은 좁고

길이 협착하여 찾는 자가

적음이라.

(마 7:13)

우리의 소명은 낮아지는 길을 걸으며 그리스도를 따르고, 시공간의 구체적인 상황에서 하나님의 긍휼을 증언하는 증인이 되는 것입니다. 우리에게 닥친 시험은, 성공하고 다른 사람의 눈에 띄고 영향력을 발휘하려는 욕망으로 하여금 우리의 사고와 말과 행동을 지배하게 하라는 것입니다. 우리가 상향성의 파멸적인 소용돌이에 휩쓸려 소명을 잃어버릴 정도로 말입니다. 이처럼 소명과 시험 사이의 긴장 관계는 평생 계속되는데, 이것이 우리에게 영적 성숙의 필요성을 더해 줍니다. 십자가의 길이라는 하향성이 결코 우리의 자발적인 발상에 의해서는 이루어질 수 없는 것이기에, "어떻게 우리가 자기를 비우신 그리스도의 마음과 뜻을 본받을 수 있겠는가?"라는 질문에 직면하게 됩니다.

그리스도를 따르는 것은, 그리스도의 영으로 하여금 우리의 머리와 가슴 구석구석을 지배하게 하려는 의지와 결심을 요구하며 우리를 또 다른 그리스도들로 만들게 합니다. 영적 성숙은 변화입니다. 그 변화는 하나님과 동등됨을 취할 것으로 여기지 아니하시고 자기를 비우신 그리스도의 마음을 점차 본받아 가는 것을 의미합니다.

따라서 훈련 없이 제자도는 구현되지 않습니다. 하지만 영적인 삶에서의 훈련은 운동선수들의 훈련, 학업, 직업 훈련같이 신체적 건강을 성취하거나 새로운 지식을 습득하거나 새로운 기술을 연마하는 것과는 다릅니다. 그리스도의 제자들이 받아야 할 훈련은 어떤 것을 정복하는 것이 아니라, 오히려 성령의 지배를 받는 것입니다. 참된 그리스도인의 훈련은 그리스도의 영이 우리를 그리스도의 형상으로 변화시키도록 공간을 마련하는 인간적 노력입니다.

우리는 영적인 삶의 훈련에 세심한 주의를 기울여야 합니다. 왜냐하면 훈련이 없다면 제자도는 영적인 형태의 상향성으로 전락하여 버리기 때문입니다. 이것은 정상을 향해 올라가려는 노골적인 세속적 야망보다 훨씬 더 나쁜 것입니다.

나는 영적 성숙을 가능하게 해 주는 세 가지 훈련에 관심을 집중시키고자 합니다. 그것은 교회의 훈련과 성경의 훈련과 마음의 훈련입니다.

교회 훈련

교회 훈련은 우리로 하여금 역사 속의 하나님의 실제 이야기를 접하도록 하는 훈련입니다. 영적인 삶을 정의하는 한 가지 방법은 그것을, 계속해서 하나님의 이야기와 우리 자신의 이야기 사이에 연결점을 모색하는 삶으로 보는 것입니다.

성령이 없다면, 우리의 상향성의 삶은 우리의 수많은 이야기가 주의를 끌기 위해 경쟁하는, 꽉 차 있지만 성취를 이루지 못한 삶에 머무르고 맙니다. 성령이 없다면, 우리의 바쁜 삶은 매일 발생하는 많은 일이 우연한 사건과 사고의 연속에 불과한 지루한 삶에 머무르고 맙니다. 성령이 없다면 우리의 삶은 진정 아무 일도 일어나지 않는 삶입니다. 그러나 성령께서 함께 하실 때, 우리는 날마다, 주마다, 해마다 일어나는 모든 사건을 그리스도의 사건이 시공간상에 구체적으로 드러나는 것으로서 인식하고 경험할 수 있습니다.

교회 훈련은 우리가 한 백성으로서 시공간에 살아 계신 그리스도를 드러내는 훈련입니다. 이 살아 계신 그리스도는 단순한 한 인물이 아니라 하나의 사건입니다. 그리스도는 태어나셨

교회 훈련은 우리가 한 백성으로서 시공간에
살아 계신 그리스도를 드러내는 훈련입니다.
이 살아 계신 그리스도는 단순한 한 인물이 아니라
하나의 사건입니다.

고 사셨고 죽으셨고 죽음에서 부활하셨고 성령을 보내신 분입니다. 그리스도는 인류 역사 속에서 활동하시는 하나님이십니다. 이 그리스도 사건의 신비가 바로 교회의 예배 의식을 통한 훈련에서 가시화됩니다.

예배 의식은 하나님의 백성이 그리스도 사건을 경축하는 예식입니다. 그것은 인간 역사에서 실제로 발생하고 있는 사건을 드러내 줍니다. 그리스도는 오고 계시며, 우리 가운데 태어나고 계십니다. 그분은 우리 가운데 사시고 고통당하시고 죽으시고 또한 부활하십니다. 그분은 우리에게 성령을 보내 주시고 그 성령을 통해 우리가 서로 하나 되게 하십니다. 때를 따라 행하는 성탄절, 부활절, 오순절 기념 예배와 각각의 준비 및 묵상 기간은, 우리도 그 사건의 일부가 되는 그리스도 사건의 충족성을 드러내 줍니다.

그러므로 우리의 영적 성숙을 가능하게 해 주는 최우선적이고 가장 필수적인 훈련은, 하나님의 백성이 인간의 역사 한가운데 공간을 창조하여, 그리스도 사건이 우리에게 진실된 것으로 나타나도록 하는 것입니다. 이처럼 교회는 우리의 첫째 가는 영적 지도자입니다. 교회는 우리가 무엇을 묵상하고, 주의를 기울이며, 말하고, 생각할 것인가를 가르쳐 줄 뿐 아니라, 예배 의식의 훈련을 통해서 그리고 그 훈련 가운데서 그리스도 사건 자체를 실제화시켜 줍니다.

우리의 삶에서 진실로 일어나는 일이라고 할 수 있는 것은, 우리 개인의 생활이나 공동체 생활에서 우연히 일어나는 변화에 의해서가 아니라 교회 안에서 그리고 교회를 통하여 우리 가운데 실현되는 그리스도의 생애라는 사건에 의해 결정됩니다. 성령강림절에 그리스도는 오고 계시고, 성탄절에 그분은 태어나고 계시며, 사순절에 그분은 수난을 당하고 계시고, 성주간(부활절 바로 앞의 한 주간―옮긴이)에 그분은 죽어가고 계시며, 부활절에 그분은 부활하시고, 오순절에 그분은 그분의 영을 보내고 계십니다. 이것이 실제로 일어나고 있는 사건들입니다! 개인적이든 사회적이든 정치적이든 다른 모든 사건들은 그리스도 사건으로부터 의미를 부여받습니다.

오직 그리스도 안에서, 그리스도를 통하여 우리 자신을 앎으로써 우리가 참 자아를 알게 된 것같이, 우리는 오직 그리스도 사건 안에서, 그리스도 사건을 통하여 우리 시대의 참 사건들을 알 수 있습니다.

그런즉 그리스도 이야기는 모든 이야기 중에서 가장 위대한 이야기 정도가 아니라 유일한 이야기입니다. 바로 이 이야기로부터 다른 모든 이야기가 의미와 중요성을 부여받습니다. 그리스도의 이야기는 역사를 실질적인 것으로 만듭니다.

하루하루의 교회 생활에서 오직 그리스도의 현존에 주의를 기울일 때, 우리의 개인적 삶에서 그리스도의 현존에 주의를 기울일 때 자기기만으로부터 벗어날 수 있습니다. 그리스도 사건 전체를 구약에서 준비되고 신약에서 성취되었으며 그리스도인 공동체의 삶에서 선포된 것으로 볼 때만, 그리고 그 사건이 우리 생활의 결론이 되도록 할 때만 비로소 우리는 우리를 치유하고 우리에게 새 삶을 주는 관계를 맺을 수 있습니다.

성경 훈련

우리로 하여금 자기를 비우신 그리스도를 본받게 해 주는 두 번째 훈련은 성경 훈련입니다. 성경을 읽는 것은 하향성의 길을 따라 그리스도를 따르기 원하는 사람이라면 누구에게나 필수입니다. 비록 교회가 매일 우리에게 하나님의 말씀을 제공한다 하더라도 우리는 우리의 가정과 같은 친밀한 환경에서도 그 말씀에 귀를 기울이고, 또한 성경 말씀이 우리 존재의 가장 깊숙이 감추어진 구석에까지 말하도록 해야 합니다.

그리스도는 우리를 위하여 육신이 되신 하나님의 말씀입니다. 성경 훈련을 통해 그 하나님의 말씀은 우리 속에서 계속하여 육신이 되실 수 있습니다. 따라서 성경을 우리를 위한 하나님의 가장 친밀하신 말씀으로 읽는 것은 현재 우리 삶의 구체적인 현실 속에서 성육신을 실현하는 것입니다.

진정 이것은 훈련입니다. 왜냐하면 우리는 그저 지식을 획득하거나 교훈을 얻거나 덕을 세우거나 감화를 받기 위해, 또는 우리 자신의 이념을 설명하기 위한 인용구를 찾을 목적으로 성경을 읽는 경우가 너무나 많기 때문입니다. 성경은 여러 책들 가운데 하나의 책이 되었고, 실제로 여러 책 중의 하나로 사용되곤 합니다. 이는 예수님이 여러 인간들 가운데 존재하는 한 사람의 인간이 되셨고, 단지 한 인간으로 자주 여겨지는 것과 같습니다.

그러나 예수님이 또한 하나님의 아들이신 것처럼, 성경 또한 하나님의 말씀입니다. 우리는 하나님의 말씀에 의해 살아 있는 그리스도들로 형성됩니다. 이러한 형성은 지식, 교훈, 건덕, 감화를 훨씬 넘어서는 것입니다. 이 형성의 요건은 말씀을 먹고 씹고 소화시켜서 참된 양식이 되게 하는 것입니다. 그리하여 이 말씀은 우리 머리로부터 가슴으로 내려와 거할 곳을 찾게 됩니다.

이것이 바로 묵상입니다. 이것은 내면으로 말씀을 경청하는 훈련입니다. 교회가 매년 우리에게 제공하는 수많은 말씀 가운데 우리를 변화시키고 우리의 삶 전체를 변화시키고 우리에게 새로운 마음과 뜻을 부여해 주고 우리로 하여금 그리스도를 본받게 해 줄 수 있는 한 단어, 한 편의 이야기, 하나의 비유, 한 문장이 있을 수 있습니다.

우리는 하나님의 말씀에 의해 살아 있는 그리스도들로 형성됩니다. 이러한 형성은 지식, 교훈, 건덕, 감화를 훨씬 넘어서는 것입니다. 이 형성의 요건은 말씀을 먹고 씹고 소화시켜서 참된 양식이 되게 하는 것입니다. 그리하여 이 말씀은 우리 머리로부터 가슴으로 내려와 거할 곳을 찾게 됩니다.

따라서 묵상은 그저 성경 말씀에 대해 생각하는 것을 훨씬 넘어서는 것이며, 비유를 이해하려고 애쓰는 것이나 복잡한 구절들을 분석하는 것 이상입니다. 묵상은 말씀이 우리를 인도하고 우리를 열어 주고 우리의 두려움을 제거하고 우리 속에 거할 수 있도록 말씀의 내적 사용 가능성을 증대시키는 것입니다. 따라서 참된 묵상은 말씀이 우리 안에서 육신이 되도록 해 줍니다.

우리는 우리 안에서 이루어지는 이러한 말씀의 성육신을 통해서 영원한 삶으로 들어갑니다. 예수님은 "하늘과 땅은 없어질지라도 나의 말은 결코 없어지지 않을 것이다"라고 말씀하셨습니다(새번역 마 5:18). 예수님은 말씀이십니다. 그리고 그분의 말씀은 영원한 생명입니다. 그분의 말씀은 우리의 굶주림을 채워 주는 떡이요, 우리의 어두움을 쫓아내는 빛이며, 우리가 두려워하지 않고 죽음을 직면하도록 하는 생명입니다.

비유적으로 이야기하는 것이 아닙니다. 말씀이 마치 떡이나 빛이나 생명과 같다고 이야기하는 것도 아닙니다. 말씀을 우리를 위한 하나님의 말씀으로 읽는 것은 성례전적 사건입니다. 이 사건으로 인해 말씀 스스로가 현존하게 되고 우리를 그 말씀처럼 변형시킵니다. 말씀의 성례전적 특징을 알아야 묵상의 의미를 온전히 깨달을 수 있습니다.

이것은 우리의 일상생활에서 구체적인 의미를 지닙니다. 이것은 우리가 읽는 것과 공부하는 것의 참된 의미를 보여 줍니다. 다른 모든 이야기에 의미를 부여해 주는 이야기가 하나뿐이듯이, 모든 책에 중요성을 부여해 주는 책도 오직 한 권뿐입니다. 따라서 성경을 읽는 것은 다른 모든 형태의 독서의 기초가 되어야 합니다. 우리가 하는 모든 독서―경건 훈련이나 학문 연구를 위한 독서든, 여가 선용을 위한 독서든―는 항상 창조적이고 재창조적인 하나님의 말씀과 긴밀히 연관되어 있어야 합니다. 하나님의 입에서 나오는 모든 말씀으로 살아가는 사람들에게 세속적인 문헌이란 없습니다.

우리는 너무 많은 책에 둘러싸인 나머지 성경의 훈련으로부터 아주 멀어져 버렸습니다. 읽고 공부하는 것이 조금 더 상황에 부합하고 좀더 이목을 집중시키며 조금 더 권력을 확보하기 위한 시도의 일부가 되는 경우가 많습니다. 심지어 성경을 읽는 것조차 영적인 삶에 위험할 수 있습니다. 하나님의 말씀에 관한 많은 토론은 우리를 하나님 가까이로 인도하지 못하고 사탄의 도구가 되어 버립니다. 우리가 잘 알다시피 사탄도 성경을 인용합니다. 그리고 사탄은 우리를 지옥으로 인도하는 넓은 길로 다시 데려가기 위해 그것을 이용하는 방법을 매우 잘 알고 있습니다(마 7:13).

마음 훈련

우리를 참 제자도의 길로 인도하고 상향성의 시험으로부터 보호해 주는 세 번째 훈련은 마음 훈련입니다. 마음 훈련은 개인 기도의 훈련입니다. 교회의 예배하는 삶이라는 맥락 안에 있을 때 그리고 말씀에 대한 지속적인 묵상이 뒷받침될 때, 개인 기도는 우리를 자신의 마음이 아닌 하나님의 마음으로 이끕니다.

마음 훈련은 아마 우리가 가장 쉽게 포기하는 훈련일 것입니다. 골방에 홀로 들어가 벌거벗은 모습, 상처받기 쉬운 약한 모습, 죄 된 모습으로 하나님의 임재 가운데 서는 일은 영적인 삶에 대한 강한 헌신을 요구합니다. 개인 기도는 사람들의 갈채를 보상으로 받는 것도 아니고, 유익한 계획으로 전환되는 것도 아니며, 드물게 평안과 기쁨의 내적인 체험으로 인도할 뿐입니다. 하지만 개인 기도야말로 우리의 소명에 대한 진정한 시험이 됩니다.

타고난 행동주의자인 우리에게, 우리가 딛고 서 있는 모든 발판을 제거하고, 비참한 상태에서 긍휼과 자비의 하나님께 울부짖도록 만드는 마음 훈련은 정화 훈련입니다. 우리가 진정 하나님 보기를 갈망한다면, 우리 가운데 살아 계시는 굴욕을 당하신 그리스도 안에서 그리고 그분을 통해서 하나님 보기를 진정으로 원한다면, 우리는 이 세상에서 '해야 할 일'과 '필요한 것'으로부터 해방된 청결한 마음을 가져야 합니다.

예수님은 다음과 같이 말씀하셨습니다. "사람에게 보이려고 그들 앞에서 너희 의를 행치 않도록 주의하라. 그리하지 아니하면 하늘에 계신 너희 아버지께 상을 얻지 못하느니라. 그러므로 구제할 때에 외식하는 자가 사람에게 영광을 얻으려고 회당과 거리에서 하는 것같이 너희 앞에 나팔을 불지 말라. 진실로 너희에게 이르노니 그들은 자기 상을 이미 받았느니라. 너는 구제할 때에 오른손의 하는 것을 왼손이 모르게 하여 네 구제함을 은밀하게 하라. 은밀한 중에 보시는 너의 아버지께서 갚으시리라"(마 6:1-4). 진정으로 자기의 정체성이 하나님 안에 숨겨진 사람이 되려면 홀로 있을 장소에 빈손으로 들어가는 용기를 지녀야 합니다.

여기에 낭만적인 요소란 결코 없습니다. 이 마음 훈련을 진지하게 받아들인다면, 먼저 우리는 어쩌다 한 번씩이 아니라 정기적으로 오직 하나님 한 분과 함께 있을 시간과 장소를 떼어 놓아야 합니다. 일정을 살펴서 개인 기도 시간을 떼어 놓고, 그 시간에 나를 만나기를 원하는 사람이 있다면 "죄송합니다. 선약이 있는데, 그 약속을 어길 수가 없군요"라고 주저 없이 솔직하게 말할 수 있어야 합니다.

우리들 대부분은 남는 시간을 하나님과 더불어 보내는 것

마음 훈련은, 하나님의 영이 우리 안에서
'아빠, 아버지'라고 외치실 수 있는
내적 공간을 창조하는 훈련입니다.
따라서 우리는 마음의 훈련을 통해서
하나님의 마음에 도달합니다.

을 상당히 어려워합니다. 하나님 한 분만을 대면할 때 우리는 또한 우리 내면의 무질서와 직면하게 되기 때문에 그렇습니다. 우리는 자신의 안절부절 못함, 불안, 분노, 풀리지 않는 긴장, 감추인 적대감, 오랜 절망을 직접 대면하게 됩니다. 이 모든 것을 대할 때 우리의 즉각적인 반응은, 도망쳐서 다시 바쁜 생활로 돌아가서 적어도 그것들이 우리가 홀로 있을 때 느끼는 것만큼 나쁘지 않다고 스스로 믿도록 하는 것입니다.

사실 상황은 나쁩니다. 겉으로 보이는 것보다 훨씬 좋지 않습니다. 이렇게 우리의 옛 자아를 벗어 버려야, 오랫동안 우리가 의지해 왔던 지지 체계를 버려야 우리는 하나님의 무조건적인 자비를 소리쳐 구할 수 있습니다. 두려워 떨면서 도망가지 않고 끈기 있게 싸움에 임한다면, 고독의 외적 공간은 점차 내적 공간, 우리에게 이미 주어진 성령의 임재를 알게 되는 마음속의 공간으로 변합니다. 우리는 마음의 고독 가운데 우리의 질문에 귀 기울일 수 있고―시인 릴케가 아름답게 표현했듯이―우리 자신도 모르는 사이, 점차 해답을 깨달아 갑니다.

마음 훈련은, 하나님의 영이 우리 안에서 '아빠, 아버지'라고 외치실 수 있는 내적 공간을 창조하는 훈련입니다(롬 8:15을 보라). 따라서 우리는 마음의 훈련을 통해서 하나님의 마음에 도달합니다. 우리는 기도를 통한 친밀함 가운데 하나님의 심장 박동을 들을 때 하나님의 마음이 이 세상의 모든 고통을 감싸고 있음을 깨닫게 됩니다. 우리는 예수 그리스도를 통하여 이 짐들이 우리가 지도록 부름받은 가벼운 짐이 되었다는 사실을 깨닫게 됩니다.

기도는 항상 우리를 하나님의 마음과 동시에 인간 고난의 마음으로 이끕니다. 하나님의 마음 안에서 우리는 인간 고난의 진정한 본질을 깨닫게 되고, 우리의 이름이 아니라 고난당하시고 그분의 고난으로 모든 악을 극복하신 그분의 이름으로 이 고난을 경감시켜야 할 사명을 깨닫게 됩니다.

마음의 훈련은 그 자체에 특별한 어려움을 안고 있습니다. 개인적 계시나 감동을 얻고 싶은 유혹이 있습니다. 우리가 하나님께 귀 기울이고 있는지 우리 자신의 흔들리는 마음에 귀 기울이고 있는지 분간이 되지 않는 어려움도 있습니다. 성령님이 우리를 인도하시는 방향을 어떻게 식별할 것인가의 문제도 있습니다. 그러나 이와 같은 특별한 어려움에 앞서 이 훈련 자체에 충실하기가 힘들다는 단순한 어려움이 있습니다. 이 모든 것이 암시하는 바는 개인적인 영적 지도자가 있는 것이 큰 도움을 줄 수 있다는 사실입니다. 특히 우리가 이제 막 영적인 삶을 진지하게 생각하기 시작했다면 더욱 그렇습니다.

영적 지도자는 우리가 우리의 마음 훈련을 책임져 줄 것을 부탁한 그리고 우리를 위해 기도하기로 확고히 헌신할 것을 기대할 수 있는 동료 그리스도인입니다. 우리가 다른 그리스도인에게 정기적으로 개인적인 기도 생활 상태를 밝혀야 한다는 사실 그리고 그가 큰 사랑과 보호로 우리를 하나님께 끌어올리고 있다는 것을 아는 것만으로도 우리의 영적 성장에 큰 변화를 일으킬 수 있습니다.

우리 자신의 마음을 통해 하나님의 마음속으로 더 깊이 들어가도록 계속해서 격려해 주는 사람이 곁에 있을 때, 우리 또한 훨씬 자유로이 다른 사람의 고통에 동참할 수 있고, 우리 가운데 계시는 치유하시는 하나님의 임재를 그들과 함께 발견할 수 있습니다. 이처럼 마음 훈련은 우리를 긍휼의 길로 이끕니다. 그것은 낮아지는 길로서 생명으로 인도하는 좁은 길입니다(마 7:13).

묵상 및 토론 문제

1. 교회 훈련이란 무엇을 말하는가? 우리의 예배가 진정 예수 그리스도가 현존하시는 예배가 되기 위해서는 예배와 예배를 드리는 당신의 자세가 어떻게 달라져야 하겠는가?

2. 저자가 제시하는 묵상 훈련이란 구체적으로 어떤 것인가?

3. 마음 훈련이란 개인 기도 훈련을 말한다. 개인 기도 훈련을 하는 데, 당신에게 있는 특별한 어려움은 무엇인가? 어떻게 하면 그 어려움들을 해결할 수 있겠는가?

4. 우리의 훈련들이 형식적이지 않고, 세상에서 주님의 부르심에 합당하게 살 수 있도록 하는 진정한 준비가 될 수 있도록 기도하라. 또한 우리의 훈련을 도와줄 동료 그리스도인을 찾게 해 달라고 기도하라.

에필로그

소명, 시험, 영적 성숙은 사역과 영적인 삶 사이의 깊은 관계를 다룬 본 글에서 세 개의 핵심 단어입니다. 우리는 성공, 명성, 영향력을 구가하는 넓은 길을 선택하고픈 유혹을 받으면서 그리스도의 하향성의 길을 따르도록 부름받았습니다. 또한 점차 우리 주 예수 그리스도의 형상을 닮기 위해 영적 훈련을 하도록 도전받습니다.

소명과 시험과 영적 성숙은 평생에 걸쳐 이루어 가는 것들입니다. 우리는 단 한 번만 부름받는 것이 아니라 날마다 부름받으며, 우리가 지금 어디로 인도되고 있는지 확실하게 알 수 없습니다. 우리는 밤낮으로 시험당하며 어디서 우리의 대적을 만날지도 정확히 알 수 없습니다. 이러한 소명과 시험 사이의 평생에 걸친 긴장 관계는, 우리로 하여금 어렵지만 가망 있는 과업, 즉 교회와 성경과 영적 지도자에게 귀 기울이는 과업을 시작하게 하며, 그리하여 우리 안에 또한 우리 가운데 계시는 하나님의 영의 진정한 현존을 발견하게 합니다.

우리는 늘 싸워야 합니다. 하지만 소망과 용기와 확신을 가지고 있을 때 우리는 그리스도의 낮아지는 길을 통해 그분과 함께 그분의 영광에 들어갈 것임을 마음속 깊은 곳으로부터 온전히 깨닫게 될 것입니다. 그러므로 우리가 받은 소명에 감사하고, 우리가 겪는 시험에 저항하며, 평생 지속되는 영적 성숙의 삶에 늘 헌신하도록 합시다.

세상의 길 그리스도의 길

초판 발행_ 1986년 2월 15일
2판 발행_ 2003년 1월 16일
개정판 발행_ 2020년 10월 26일
개정판 3쇄_ 2024년 11월 15일

지은이_ 헨리 나우웬
옮긴이_ 김명희
펴낸이_ 정모세

펴낸곳_ 한국기독학생회출판부
등록번호_ 제2001-000198호(1978.6.1)
주소_ 04031 서울시 마포구 동교로 156-10
대표 전화_ (02)337-2257 팩스_ (02)337-2258
영업 전화_ (02)338-2282 팩스_ 080-915-1515
홈페이지_ http://www.ivp.co.kr 이메일_ ivp@ivp.co.kr
ISBN 978-89-328-1785-9

ⓒ 한국기독학생회출판부 1986, 2003, 2020

책값은 뒤표지에 있습니다.
무단 전재와 복제를 금합니다.